私はそんな人々の姿を目で追いながら、突然タイムスリップしたような気持ちで、光も明るさも消えた時代のことを思い起こしていました。

夜になると毎日のように、怪鳥B29爆撃機の編隊が闇の空に姿を現し、焼夷弾を雨のように降らせ、あっという間に町は火の海になります。そんな重苦しい毎日の中でも、日めくりの楽しさがありました。幼いイエスさま誕生の日です。十二月十六日の夜から毎日、私たちは歌いました。「天よ、露をしたたらせ、雲よ、正義を降らせよ」

そして迎えた十二月二十四日の夜十一時過ぎは、とても忙しくなります。というの

は、大変厳しい「灯《とう》火《か》管制《かんせい》」があって、マッチほどの灯りでも外へ漏れようものなら、隣組班長さんが烈火のごとくに怒鳴り込んでくるからです。まして修道院には外国人の神父、神学生もいますから、スパイ活動と言われたら大変なことになります。

私たちは聖堂の窓を徹底的に黒布で覆い、何度も外に出て点検しました。もう聖堂はいっぱいの人で暑いほど。夜中の十二時きっかり、グレゴリアンの歌ミサが始まります。

敵機襲来の警戒警報は、すでに空襲警報に変わっています。漆黒の遥か天空には、神の栄光を歌う天使たちの声と競い合って、B29の爆音と不気味なボタンを押そうとする若い航空兵が飛んでいるのです。説教は

「平和」です。戦争と平和を同時に体験する、それはもう、何とも表現し難い情景でした。

戦いを挑む人間がいて、人間となって人間を救おうとする神がいる。これは逆説なのか、あるいは矛盾なのか……。

「実に、キリストはわたしたちの平和であります」（エフェソの信徒への手紙2・14）

このクリスマスミサを一生忘れることはできません。

生まれてくる
赤ん坊の一人に
神の夢が
託されている

カリル・ギブラン作
石川康輔訳

カリル・ギブラン（1883～1931）レバノンの詩人
石川 康輔　いしかわ・こうすけ　（1939～2004）サレジオ会司祭

クリスマスがやってくる

ドン・ボスコ社

一九九一年～九七年まで「カトリック生活」編集長を務め、その後もドン・ボスコ社編集部でさまざまな執筆活動に携わった金子賢之介神父が二〇二二年二月二十六日、御父のもとに召されました。享年九十四歳。金子師が伝え続けたメッセージを思い起こしながら、一九九〇年の「カトリック生活」十二月号に執筆された文章を味わいたいと思います。

戦禍の中のクリスマス

金子賢之介

日が暮れると、華やかなネオンの輝く町は賑やかになります。男も女もみんな、うきうきした顔でショッピングや食事やデートを楽しみ、あるいはこれといった目的もなく、ゆっくりとした情景を醸《かも》していきます。

みんなイエスを待っている！

三澤洋史氏

小森輝彦氏

指揮者三澤洋史氏と、彼の主宰する合唱団のバッハ作曲「ヨハネ受難曲」演奏会でイエス役を務めたバリトン歌手小森輝彦氏。日本音楽界の第一線で活躍するお二人は、共にドイツへの留学経験がある。「カトリック生活」二〇二一年十月号対談の休憩時にお二人が語っていたクリスマスのお話、ちょっと教えてください。

三澤　ヨーロッパのキリスト教西方教会ではクリスマス前の四週間をアドヴェントといってイエス・キリストの誕生を準備する期間。ドイツでもアドヴェントは、クリスマスマーケットが始まったり、それぞれの家庭や教会でアドヴェントカレンダーを開けたり、アドヴェントクランツに火を灯したりして過ごしますよね。

小森　私はドイツの歌劇場で専属第一バリトン歌手を務めていたこともあり、十七年間ドイツに住んでいました。アドヴェントの時期は、一週間ごとにみんなの気持ちがどんどん高まっていく。寒くなって空気が静まってくるのに反して、みんなの気分が上がっていくのです。彼らのクリスマスは商業主義ではなくて、本当にイエス・キリストの誕生を心待ちにしているんだと、すごく感じました。

三澤　私は今でも、アドヴェントの時期にバッハの「クリスマス・

アドヴェントカレンダー
アドヴェント期間1カ月のカレンダー。毎日開封して、クリスマスの到来を待つ。

アドヴェントクランツ
木の枝で編まれた環に4本のろうそくがついていて、毎週1本ずつ火を灯す。

オラトリオ」を一時間くらいに抜粋して演奏することがあります。あるときの演奏会の短いスピーチで、今ごろイエスさまは、マリアさまのお腹の中で転がったり蹴ったりしながら生きていると言ったことがあります。

「死」は肉体が死んだ、まさにそのときのことですが、「誕生」はいのちの始まりではなく、いのちはすでに宿っていて、それが出てきて地上の空気を吸う、その「時」なんです。アドヴェントは誕生の準備をする期間だけど、赤ちゃんのイエスは生まれる前からお腹の中で生きている、アドヴェントの喜びはそこにイエスがいる、その存在感ですよね。

小森　イエスの存在感って圧倒的ですね。クリスマスの時期になると思うのですが、イエス・キリストって本当にすごい。世界中で、毎年毎年、しかも長い年月にわたって、あらゆるところで誕生を祝ってもらえる、そこにみんな、イエスの存在を感じているんですからね。

クリスマスソングだって、いろんな歌手が毎年のように新しいCDを出していて、それが売れています。私がよく聞いているアカペラボーカルグループ「ペンタトニックス（Pentatonix）」は抜群に音程がよくて、その彼らの歌うクリスマスソングがまた素晴らしい。クリスマスの歌をこんなに楽しそうに歌うこの人たちは、きっとイエス・キリストのことが大好きなんだろうなって……、聴いているとワクワクしてきます。

三澤　母親であるマリアの心情になると、アドヴェントは、この子と早く会いたいという思いがワクワク膨らむ期間なんですよね。

小森　会いたい人に会うまでの時間を準備する楽しみですね。何千年も昔に生まれたイエス・キリストの誕生を、毎年世界中が心待ちにして、喜びの中で迎える。人類史上、一番人気のあるアイドルかもしれません。

三澤　確かに！

クリスマスイヴに誰を待つ？

文・絵　おむらまりこ

《登場人物》
渋谷駅に銅像がある忠犬ハチ公。
グリム童話「眠り姫」の眠り姫。
「オズの魔法使い」のブリキのきこり。
「ライオンキング」のマンドリル。
「旧約聖書」よりノア。秋に鳴くまつむし。

　小さな町の小料理店。クリスマスイヴの今宵、どこからともなく現れた不思議なお客たちが、冷えた体を熱いお茶で暖めている。沈黙を破ったのは、ねこの女将だった。

「今夜は一段と冷えますね。みなさまお待ち合わせでしょうか？」

　全員がほぼ同時に小さく頷き、そこで初めて、お互いが目をあわせた。

「待てど暮らせど来ないですなぁ。わたしもかなり待ったことで有名ではありますが……」と犬が

言った。

「あなたはもしかして?!」「そうです。ハチ公です」

「どおりで、どこかの駅でお見かけしたと思っていました」

　すると、どこからともなく自己紹介がはじまった。

「わたしは眠り姫です」「ぼくはブリキのきこり」「わしはマンドリルじゃ」「わたくし、まつむしです」「ノアと申します」

「ところでハチ公さん、聞くところによると十年間お待ちになったそうですが、どうしてそんなに長い間ご主人の帰りを待てたのかしら?」

「眠り姫さんこそ百年も王子さまをお待ちになったのでは?」

「ずっと寝てましたから(笑)」

「ぼくはドロシーが通りかかって油を注してくれたけど、あれ以上は待てなかったよ。ハチ公さんはどうしてあんなに待ち続けられたのかなぁ」

「自分でもよくわかりません。ご主人と会いたかった一心です。ところで、まつむしさんも昔から待つことで有名ですよね」

「秋の野に 人まつ虫の声すなり 我かと行きて いざとぶらはむ」

「さすがマンドリルさん！」

「わたくしは〝まつむし〟という名前で、待っていると思われているだけですよ。しかし、昔から多くの人が『待つ』をテーマに短歌や俳句を詠んでいるということは、待つ人がいかに多いか。でも神のことばを信じて待ったノアさんには、前から憧れていました」

「憧れだなんてそんな……。箱舟の完成まではたくさんの人に罵られましたがね。それでも信じていましたので、迷いはありませんでした。『待つ』というより、信じて行動した結果が待つという形でしたね」

「まさに〝時はきたり〟だったのですな」

「そう、わたしの『時』は、神のことばがそのとおりになる瞬間でした。マンド

リルさんの『時』は、幼かったシンバが大人になり、王になった瞬間のことですよね？」

「おっしゃるとおり、わしにとって『待つ』とは時が〝熟す〟こと」

「『待つ』とは〝信頼〟」とノア。

「『待つ』とは〝希望〟」とハチ公。

「『待つ』とは〝忍耐〟」とブリキのきこり。

「『待つ』とは〝愛〟」と眠り姫。

「『待つ』とは〝人生〟です」と、最後にまつむしが言った。


夜は静かに更けていく。彼らのクリスマスイヴの夜の待ち人は、いつやって来るのだろう。それでも彼らは待つことが楽しくてしょうがない、話は尽きることなく盛り上がる。

イラスト／文　おむらまりこ

生まれる前は　母に待たれ
死ぬ前は　神を待つ

この世に生きること　それは
待って　待たれることばかり

たとえ　誤解されたり　裏切られたり
迷い　不安　孤独に苛まれても
身を委ねて　待つ

…そんなあなたも　待たれている
もっと大きな存在に

Merry
Christmas!

クリスマス「人となった神」について考える

小高 毅

神は、その独り子をお与えになったほどに、世を愛された。（ヨハネ3・16）
ナザレのイエスにおいて神が肉体をもったというクリスマス。いわゆる「受肉の神秘」とは、いったいどういうことなのか。フランシスコ会の小高毅神父によるクリスマス神学ミニ講座。

イエスは神なの？人間なの？

キリスト教は初代教会において、「受肉《じゅにく》の神秘」についてのさまざまな異端に対し、イエスが「まことの神、まことの人」、「完全に神であって、完全に人である」ということを信仰宣言で表明してきました。でも、これを理解するのは、難しいことです。

二〇〇四年に公開され話題になった映画『パッション』で、リアルに苦しむイエスを見てショックを受けた人がいると聞きました。でも、そもそも十字架の道行を映画化しただけですから、本来、ショックを受けるはずはないんです（笑）。

聖金曜日には十字架称賛の式もありますが、「だってイエスさまは復活するんですから」と簡単に割り切ってしまうと、イエスが人として苦しみを受けたということが忘れられていくのかもしれませんね。

「受肉の神秘」の捉え難さは、確かにあります。ただ、地上でのイエスは、人間としてのイエスなのです。それは忘れていけないと思います。神が

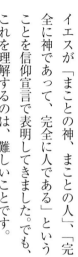

人間の姿をとられたということ、みことばという主体が人間をまとった（ヨハネ1・14参照）ということはどういうことか考え、黙想する必要があります。

クリスマスと十字架はワンセット

イエスさまが生まれておめでとう、というのは世間のクリスマスとしてはいいと思います。しかし、キリスト教にとってクリスマスを祝う意味はそれだけではありません。この幼子が宮殿で生まれたのではなく、馬小屋で極貧のうちに生まれるというところがポイントです。

歓迎される一方、敵対者がいて、いのちを脅かされる状態に生まれてくるのです。マタイ福音書には、降誕の直後のヘロデによる幼子たちの虐殺の場面（2・16〜18）が記されますが、これは誕生のときに死を予告され、殺そうとする人がいるということで、イエスの受難、無防備で十字架上で死んでいくことを予告するものだったのでしょう。

降誕と死はワンセット、人間である以上、死ななければなりません。誕生は死を包括していて、人間は死に向かっていく存在です。私たちと同じように、イエスは自分の死を受け入れていったのです。しかし、キリスト教の中心メッセージは、死が終わりではなく、新しい局面に展開していくものとして捉え、死を受け入れていくことにあります。それを開くのがイエスの死と復活です。イエスが死んで復活したからこそ、私たちは死が単なる終わりではなく、それこそ歓迎すべきものとして捉えることができるのです。

人間となったイエスをとおして神の愛を感じ取っていくこと、イエスにおいて人間を超えた神性、本当の人間性からにじみ出てくる神性を感じ取ることが大切になってくるのです。それが「受肉」を捉えることにおいて重要な点なのです。

平和の祈り
ブリテン「キャロルの祭典」

国本静三

カトリックの英国人ブリテン（一九一三～七六）は二十世紀最大の作曲家の一人です。彼の作曲分野は教会音楽からオペラまで広く、管弦楽曲「青少年管弦楽入門」（一九四五年作曲）は中学校の音楽教材になっているのでご存知の方も多いと思います。「キャロルの祭典」は、一九四二年ロンドン、ウェストミンスター大聖堂少年合唱団のために作曲されたクリスマスの音楽です。

時は第二次世界大戦（一九三九～四五）中、ブリテンはこの暗黒を払拭するように主の降誕の喜びを表しました。三声部合唱（少年合唱のための作品、女声合唱でも可）にハープが伴い、十一曲で構成され、導入第一曲と終曲第十一曲には祭日・主の降誕の晩の祈り「マリアの歌（マニフィカト）」のグレゴリオ聖歌ラテン語交唱がそのまま使われています。そのほかは十四世紀と十五世紀の古英語

注）
ブリテン「キャロルの祭典（典礼）」と全歌詞は
http://homepage2.nifty.com/pietro/storia/britten_carol.html の項参照

詩九編で、イエスの誕生こそ人類の喜びの根源であり、イエスは、平和は武力によるのではなく無償の愛によって得るものと教え、体現した方であると告げます。平和の熱烈な祈りが素朴な詩と音楽で表現されていきます。

第五曲「四月の朝露のように」

十四世紀の作者不詳の詩です。美しい聖夜の情景を色彩的な音で表現しています。（以下、筆者訳）

御子はたいへん静かにやって来ました
そばにその母がいました。
四月の朝露が小枝に降り立つように。（第四節）
母なのに乙女、たぐいなき方でした。
このような方こそ神の母として
ほんとうにふさわしいのです。（第五節）

第六曲「この小さな赤ちゃんは」

ロバート・サウスウェル（一五六一～九五）の詩は、神の幼子イエスこそ、平和の真の力であると告げています。曲はユニゾンから二声のカノン、そして三声のカノンと続き、下記の箇所から勇ましい曲想となり、非暴力による平和への願いが強く込められます。

私の魂もキリストとともに戦います。
キリストが張った幕屋を守ります。
まぐさ桶とともに最も力ある守り手となります。
この小さな赤ちゃんは君の守り手となるでしょう。
君が敵からうまく逃れられたとしても
天から来たこの赤ちゃんからは逃げられないよ。

（第四節）

シニョーラ Maya の

クリスマスだから こそ(?) 食べたいタコ料理！

by 中川摩夜

タコのガリシア風カルパッチョ

材料（4 人分）

A：[グリーンオリーブ 10 個　ピクルス少々　ニンニク 1/2 片
ケイパー 10 粒　アンチョビ少々　オリーブオイル大さじ 2]
タコ 1/2　レモン汁　パプリカの粉末

《作り方》

①生食用タコのスライスを皿に並べて盛り付ける。
② A の材料をみじん切りにしてオリーブオイルで和え、①にかけ、レモン汁を回しかける。
③ラップをかけて冷蔵庫で冷やし、いただく直前にパプリカの粉末をかける。

たこ焼き風ゼッポリーネ

材料（15 個分）

A：[強力粉 100g　青海苔大さじ 2　塩小さじ 1/4
パルミジャーノチーズ大さじ 3]
B：[ぬるま湯 80cc　砂糖小さじ 1/2　ドライイースト
3g]　タコ小さなぶつ切り 15 切れ　溶けるチーズ
揚げ油（オリーブオイル、ごま油以外の植物油でも OK）

《作り方》

① B をしっかり溶かして、A の材料がすべて入ったボールに入れてよく混ぜ、15 等分にする。
②手のひらにオリーブオイルを塗って①の生地をのばし、タコとチーズを入れて丸め、160 度の揚げ油で 3 分ほど揚げる。

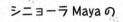

クリスマスに、映画観ようよ！　中村恵里香

家族で楽しむファンタジーアドベンチャー

『アドベンチャー・オブ・クリスマス
——冬の魔女とサンタのプレゼント工場』

　山に囲まれた王国に、心優しい王と王妃と幼い姫がいました。ある日、王座を狙う伯爵と魔女に謀られた姫は、クリスマスの星を探しに行ったまま行方不明！　王妃は失意のうちに亡くなり、王はクリスマスの星を憎み、星が姿を隠した王国は闇に包まれます。賢者は十年以内にクリスマスの星を探し出せば姫に会えると言い、王は必死で星を捜しますが無情にも時は過ぎ、十年目のクリスマスイブがやってきます。

　そのころ、森に住む泥棒一家に拾われて育てられたソニアは、自由を求めて脱走し、王宮に迷い込みます。王に助けてもらったソニアは、お礼にクリスマスの星を探しに出かけます。そうはさせじと伯爵と魔女が追いかけますが、ソニアは妖精ノームの家族や大熊に助けられ、北風に乗ってクリスマスの星があるというサンタクロースのプレゼント工場にたど

『アドベンチャー・オブ・クリスマス
――冬の魔女とサンタのプレゼント工場』
原題：Journey to the Christmas Star／監督：ニルス・ガウプ／出演：ヴィルデ・ゼイナー、アンドレス・バースモ・クリスティアンセン、ヤーコブ・オフテブロ他／2012年／ノルウェー／77分

り着きました。

　サンタクロースは、人間にはそれぞれの木があり、その木を見るとすべてがわかると言います。王の木やソニアの木もありました。王の木は弱っています。「これは憎しみによって弱っているのだ」とサンタクロース。そして「憎しみを忘れ、クリスマスの星を信じることができれば王の木は甦る」と教えます。このあとは観てのお楽しみ。クリスマスの星は、姫の行方は、王国の未来は……、ハラハラドキドキの物語です。

　この作品は、ノルウェーの有名なおとぎ話が原作のファンタジー。ノームやサンタクロースの言葉は、人としての生き方を教えてくれます。日本では劇場公開されていない作品ですので、クリスマスのひととき、ご家族でＤＶＤをお楽しみください。

Merry Christmas

コンプリ神父のバルゼレッタ

イラスト／澤村信哉

Aさん「クリスマスのプレゼント、
　　　何かほしいものある？」

Bくん「そうだな、手編みのマフラーとか、
　　　いいなぁ」

Aさん「あらぁ、手編みのものって高いのよ」

Bくん「……」

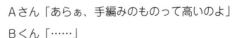

《執筆者》

金子賢之介 かねこ・けんのすけ　サレジオ会司祭、1991 ～ 97 年まで「カトリック生活」編集長を務め、その後も執筆活動、司牧活動に携わる。2022 年 2 月帰天。

小森輝彦 こもり・てるひこ　オペラ歌手、声楽家として活躍を続けながら東京音楽大学教授、東京音楽大学付属高等学校長として後進の育成にも携わる。

三澤洋史 みさわ・ひろふみ　音楽家、指揮者。滋賀県立芸術劇場びわ湖ホール専任指揮者、バイロイト祝祭合唱団の指導スタッフ等を経て、現在、新国立劇場首席合唱指揮者。

小高毅 おだか・たけし　1968 年フランシスコ会入会、75 年司祭叙階。1978 年～80 年ローマ、アウグスティヌス教父研究所に学ぶ。神学博士。

おむらまりこ　絵本画家。武蔵野美術大学大学院修了。絵本『たいせつなおくりもの』『友だちになったイエス』（ドン・ボスコ社）、『マザー・テレサ　愛と祈りをこめて』(PHP) など。

国本静三 くにもと・せいぞう　京都教区司祭。エリザベト音楽大学、東京音楽大学で作曲を学ぶ。管弦楽曲 “Garden of KYOTO” オルガン曲等作曲 “The Sound of Peace” 等作曲。

中川摩夜 なかがわ・まや　2000 ～ 02 年にかけて南イタリアのホテルレストランに短期留学。プーリア州サレント料理紹介許可を取得。VIDES JAPAN 前事務局長。

中村恵里香 なかむら・えりか　出版社勤務を経てライターとして活動。SIGNIS JAPAN、SIGNIS GOODNEWS NETWORK 会員。WEB マガジン AMOR 編集部。

《図版》

表紙　グイド・レーニ《羊飼いの礼拝》
P 5　アンドレア・デッラ・ロッビア《聖母子》
P 6　オラツィオ・ジェンティレスキ《受胎告知》
P 18　フィリッポ・リッピ《聖母子》
P 21　ピーテル・ブリューゲル《罪のない者の虐殺》
P 26　ブロンジーノ《羊飼いの崇拝》

デザイン† TM HOUSE

クリスマスがやってくる

2022年9月1日初版発行
発行者　岡本大二郎
発行所　ドン・ボスコ社
〒160-0004　東京都新宿区四谷1-9-7
TEL 03-3351-7041　FAX 03-3351-5430
印刷所　株式会社平文社

（落丁・乱丁はおとりかえいたします）

ISBN978-4-88626-694-1 C0116

9784886266941

1920116001502

ISBN978-4-88626-694-1

C0116 ¥150E

定価（本体 150 円 + 税）

ドン・ボスコ社

MERRY
CHRISTMAS